축복받은 성경 읽기

# 마태오복음서 문제집



본 당 | ..............................

이 름 | ..............................

세 례 명 | ..............................

시 작 | ..............................

마 침 | ..............................

성서와함께

# 축복받은 성경 읽기 문제집 안내

이 문제집의 목적은 성경 공부보다 성경 읽기를 돕는 데 있습니다. 매주 1회, 5-8명이 모여 1-2시간 동안, 아래 순서에 따라 모임을 진행합니다. 말씀의 봉사자나 지도자가 없어도 누구나 진행자가 될 수 있습니다. 혼자 읽기에는 어려웠던 성경을 함께 읽으면서 '말씀은 멀리 있지 않고 아주 가까이 있음'(신명 30,14)을 깨닫게 되기 바랍니다.

### 시작기도

성령께 도움을 청하며 '성경을 읽기 전에 드리는 기도'(5쪽)를 드립니다.

### 읽어봅시다

각 과의 안내문을 함께 읽고, 제시된 성경 본문을 한 구절씩 돌아가며 소리 내어 읽습니다(필요하다면 성경 본문을 두 번 읽어도 좋습니다).

### 살펴봅시다

각자 문제의 답을 성경에서 찾아 적고, 한 사람씩 각 문제를 읽고 답을 말합니다.

### 곰곰이 생각하고 나누어봅시다

제시된 나눔 주제를 함께 읽고 자신의 생각을 간단하게 적은 후 돌아가며 나눕니다.

### 기억하고 싶은 성경 구절을 적어봅시다

각자 마음에 와닿은 성경 구절을 적고, 돌아가며 읽습니다.

### 기도합시다

제시된 기도 지향에 따라 돌아가면서 짧게 기도합니다.

# 성경을 읽기 전에 드리는 기도

성경 안에서
저희를 친절히 만나주시는 아버지,
넘치는 성령의 빛으로
제 눈을 열어주시어 당신의 빛을 보게 하시고,
제 귀를 열어주시어 당신의 말씀을 듣게 하시며,
제 마음을 열어주시어
당신의 생명을 받아 안게 해주소서.
그리하여 말씀의 신비가
얼마나 넓고 높고 깊은지 깨달아 알고,
인간의 모든 지식을 초월한
그리스도의 사랑에 대한 뜨거운 감동으로,
저의 모든 일상생활 가운데
새로운 기쁨과 당신의 능력이 빛나게 해주시며,
저의 모든 형제들과 함께
당신의 영광을 찬미하게 해주소서.
우리 주 예수 그리스도를 통하여 비나이다.
아멘.

# 차례

# 마태오복음서를 읽기 시작하며

예수님께서는 "하느님의 나라가 가까이 왔다"(마르 1,15)는 것을 '복음福音', 즉 기쁜 소식으로 선포하셨습니다. 그리스도교 초대 교회는 예수 그리스도의 부활 사건을 체험한 사도들의 증언과 가르침을 기초로 예수님께서 선포하신 복음뿐만 아니라, 예수 그리스도의 말씀과 행적 특히 그분의 삶 전체를 '복음'으로 이해하고 입으로 널리 전하였습니다. 이렇게 전하던 복음이 기원후 50년경부터는 여러 형태로 기록되기 시작하였는데, 특별히 예수 그리스도의 죽음과 부활 사건을 중심으로 그분의 말씀과 행적을 담은 '책'을 '복음서'라고 합니다. 신약성경 안에는 마태오복음서, 마르코복음서, 루카복음서, 요한복음서 총 4권의 복음서가 있습니다.

신약성경에서 첫 번째 자리에 나오는 마태오복음서는 전통적으로 예수님의 열두 제자 중 하나인 마태오가 썼다고 믿어 왔지만 유다교의 율법과 관습을 잘 알고 있는 유다계 그리스도인이 쓴 것으로 봅니다. 저자는 예수님의 말씀만을 모은 '예수 어록'(기원후 50년경), 최초의 복음서 마르코복음서(기원후

70년 전후)와 자신만의 고유한 자료들을 가지고 기원후 80-90년경에 복음서를 엮었습니다.

마태오복음서, 마르코복음서, 루카복음서 세 권은 내용과 관점이 비슷하여 이를 공관共觀(그리스어 *synopsis*: '같이 본다'는 뜻) 복음서라 부릅니다.

예수님의 탄생과 유년 시절 이야기로 시작하는 마태오복음서는 공생활부터는 마르코복음서의 맥락을 따르면서도 예수님의 가르침을 다섯 개의 설교 대목으로 묶었습니다. 즉 산상 설교(5-7장), 파견 설교(10장), 비유 설교(13장), 공동체 설교(18장), 심판과 종말 설교(23-25장)를 통해 그 고유한 특징을 드러냅니다.

마태오복음서에서는 유일하게 '교회'라는 단어가 사용됩니다(16,18; 18,17). 이 교회는 예수님께서 베드로를 기초로 세우신 하느님의 '새로운 백성'을 말하며, 유다인 출신 그리스도인과 이방인 출신 그리스도인들로 구성됩니다. 특히 '작은 이들'에게 관심을 기울이며 형제적 사랑과 용서를 실천하는 예수 그리스도의 이름으로 모인 공동체이기도 합니다.

마태오복음서의 주요 주제어인 '하늘 나라' 또는 '하느님의 나라'는 구약성경의 예언을 실현하는 분이며 오랫동안 유다인들이 기다려온 '메시아'(그리스도), '하느님의 아들'이라는 예수님의 신원을 가리킵니다. 또 마태오복음서는 다른 공관복음서보다 "아버지 뜻의 실행"(7,21)이라는 율법의 본래 의미를 실천하며 '하느님의 의로움'을 따라 살아가라는 예수님의 가르침을 부각하여 율법을 완성하는 예수님의 모습을 강조합니다.

제1과

# 예수님의 탄생과 유년 이야기

아브라함에서 시작하여 다윗의 후손임을 알려주는 예수 그리스도의 족보는 '메시아를 보내주리라' 하신 하느님의 약속이 예수님을 통해 실현되었음을 말해줍니다. 요셉은 꿈에서 주님의 천사가 알려준 대로 성령으로 아기를 잉태한 마리아를 아내로 맞아들입니다. 세 명의 박사가 별의 인도로 '유다인들의 임금으로 나신 분'을 경배하러 동방에서 예루살렘으로 오지만, 이 소식을 들은 헤로데 임금은 아기를 찾아 없애버리려고 합니다. 요셉은 꿈에서 천사가 알려준 대로 마리아와 아기 예수님을 데리고 헤로데를 피해 이집트로 피신했다가 헤로데가 죽은 뒤 나자렛으로 돌아옵니다.

## 읽어봅시다 1,1-2,23

## 살펴봅시다

1. 예수 그리스도의 족보의 시작과 마침입니다. 빈칸을 채워 완성해보십시오.

1,1: (          )의 자손이시며 (                    )의 자손이신 예수 그리스도의 족보.

1,16: 야곱은 (          )의 남편 요셉을 낳았는데, (          )에게서 그리스도라고 불리는 (          )께서 태어나셨다.

1,17: 이 모든 세대의 수는 아브라함부터 다윗까지가 (          )이고, 다윗부터 바빌론 유배까지가 (          )이며, 바빌론 유배부터 그리스도까지가 (          )이다.

2. 요셉이 마리아의 잉태 사실을 알고 남모르게 파혼하려고 했을 때 주님의 천사가 그의 꿈에 나타나서 한 말은 무엇이며, 주님께서 예언자를 통해 하신 말씀은 어떻게 이루어집니까? 빈칸을 채워봅시다.

1,20: “다윗의 자손 요셉아, 두려워하지 말고 마리아를 아내로 맞아들여라. 그 몸에 잉태된 아기는 (                    )으로 말미암은 것이다.”

1,23: “보아라, 동정녀가 잉태하여 아들을 낳으리니 그 이름을 (                              )이라고 하리라” 하신 말씀이다. (                    )은 번역하면 ‘하느님께서 우리와 함께 계시다’는 뜻이다.

3. 동방 박사는 무엇을 보고 예루살렘으로 왔습니까? 그들이 예수님을 뵙고 경배한 곳은 어디이며, 무엇을 선물로 드렸습니까?

**① 동방 박사들이 본 것**(2,2):

**② 동방 박사들이 예수님을 경배한 곳**(2,6):

**③ 동방 박사들이 예수님께 드린 선물**(2,11):

4. 예수님의 탄생 이후에 일어난 일이 <u>아닌</u> 것은 무엇입니까?

① 동방 박사들은 꿈에 헤로데에게 돌아가지 말라는 지시를 받고, 다른 길로 자기 고장에 돌아갔다(2,12).
② 요셉은 밤에 아기와 그 어머니를 데리고 이집트로 가서, 헤로데가 죽을 때까지 있었다(2,14-15).
③ 헤로데는 베들레헴과 그 온 일대에 사는 두 살 이하의 사내아이들을 모조리 죽여 버렸다(2,16).
④ 요셉은 헤로데가 죽자 이스라엘로 돌아와 베들레헴으로 가서 자리를 잡았다(2,23).

## 곰곰이 생각하고 나누어봅시다

예수 그리스도의 족보(1,1-17)를 묵상하며 나의 신앙의 족보를 생각하고 나누어봅시다.

## 기억하고 싶은 성경 구절을 적어봅시다

## 기도합시다

폭력과 전쟁으로 인해 고통받고 죽어가는 어린이들을 위해 기도합시다.

제2과

# 세례를 받으신 후 유혹을 받으신 예수님

세례자 요한의 설교를 듣고, 예루살렘과 온 유다와 요르단 부근 지방의 모든 사람은 자기 죄를 고백하며 요르단강에서 요한에게 세례를 받습니다. 예수님께서도 모든 의로움을 이루기 위해 요한에게 세례를 받으신 후 성령의 인도로 광야에 가십니다. 거기서 악마에게 유혹을 받으시지만 성경 말씀으로 물리치십니다. 그러자 악마는 떠나가고 천사들이 다가와 예수님의 시중을 듭니다.

## 읽어봅시다 3,1-4,11

## 살펴봅시다

1. 세례자 요한이 유다 광야에서 선포한 내용은 무엇이며, 사람들에게 세례를 베풀던 장소는 어디입니까?

   ① **요한이 선포한 내용**(3,2):

   ② **요한이 세례를 준 장소**(3,6):

2. 예수님께서 요한에게 세례를 받으실 때 세례자 요한에게 하신 말씀을 빈칸을 채워 완성하십시오.

   3,15: "지금은 ( ). 우리는 이렇게 해서 마땅히 모든 ( )을 이루어야 합니다."

3. 예수님께서 광야에서 악마의 유혹을 물리치실 때 하신 성경 말씀이 아닌 것은 무엇입니까?

① 사람은 빵만으로 살지 않고 하느님의 입에서 나오는 모든 말씀으로 산다(4,4).

② 주 너의 하느님을 시험하지 마라(4,7).

③ 우리는 아브라함을 조상으로 모시고 있다(3,9).

④ 주 너의 하느님께 경배하고 그분만을 섬겨라(4,10).

## 곰곰이 생각하고 나누어봅시다

요한은 세례를 받으러 온 사람들에게 '회개에 합당한 열매'를 맺으라고 말합니다(3,8). '회개에 합당한 열매'가 무엇인지 생각하고 나누어봅시다.

## 기억하고 싶은 성경 구절을 적어봅시다

## 기도합시다

갖가지 질병과 고통에 시달리고 있는 이웃을 위해 기도합시다.

## 제3과
# 공생활 시작과 산상 설교 1

예수님께서 하늘 나라의 복음을 선포하며 갈릴래아에서 공생활을 시작하십니다. 제자들을 부르시고 백성 가운데 병자와 허약한 이들을 모두 고쳐주시자 그분의 소문이 온 시리아에 퍼지고 많은 군중이 그분을 따릅니다. 예수님께서 산에 올라 군중과 제자들에게 첫 가르침을 주시는데 이를 '산상 설교'라고 합니다. 먼저 여덟 가지 참행복을 선언하시고, 율법에 대한 새로운 가르침을 주십니다. 이를 통해 당신이 율법을 폐지하러 온 것이 아니라 완성하러 오신 분임을 보여주십니다. 자선, 기도, 단식 그리고 가장 완전한 기도인 주님의 기도를 가르치십니다.

## 읽어봅시다 4,12-6,18

## 살펴봅시다

1. 예수님의 공생활을 요약한 구절입니다. 빈칸을 채워 완성해보십시오.

4,23: 예수님께서는 온 (                    )를 두루 다니시며 회당에서 가르치시고 (                              )을 선포하시며, 백성 가운데에서 병자와 허약한 이들을 모두 (                              ).

2. 예수님께서 가르치신 참행복을 보기에서 골라 바르게 연결하십시오(5,3-12).

㉠ 그들은 땅을 차지할 것이다.
㉡ 그들은 하느님을 볼 것이다.
㉢ 하늘 나라가 그들의 것이다.
㉣ 그들은 하느님의 자녀라 불릴 것이다.

① 행복하여라, 마음이 가난한 사람들! (　　　　)

② 행복하여라, 온유한 사람들! (　　　　)

③ 행복하여라, 마음이 깨끗한 사람들! (　　　　)

④ 행복하여라, 평화를 이루는 사람들! (　　　　)

⑤ 행복하여라, 의로움 때문에 박해를 받는 사람들! (　　　　)

3. 다음은 산상 설교에 나오는 예수님의 가르침입니다. 보기에서 답을 찾아 알맞게 연결해봅시다.

① "그 이상의 것은 악에서 나오는 것이다."

② "그리고 너희를 박해하는 자들을 위하여 기도하여라."

③ "다른 뺨마저 돌려 대어라."

5,37: "너희는 말할 때에 '예' 할 것은 '예' 하고, '아니요' 할 것은 '아니요'라고만 하여라." (　　　　)

5,39: "악인에게 맞서지 마라. 오히려 누가 네 오른뺨을 치기든" (　　　　)

5,44: "너희는 원수를 사랑하여라." (　　　　)

4. 자선, 기도, 단식에 대한 예수님의 가르침이 아닌 것은 무엇입니까?

① "네가 자선을 베풀 때에는 오른손이 하는 일을 왼손이 모르게 하여라"(6,3).

② "너희는 회당과 한길 모퉁이에 서서 기도해야 한다"(6,5).

③ "너희는 기도할 때에 다른 민족 사람들처럼 빈말을 되풀이하지 마라"(6,7).

④ "너는 단식할 때 머리에 기름을 바르고 얼굴을 씻어라. 그리하여 네가 단식한다는 것을 사람들에게 드러내 보이지 마라"(6,17-18).

## 곰곰이 생각하고 나누어봅시다

예수님은 제단에 예물을 바치기 전에 자신에게 원망을 품고 있는 형제가 생각나면 먼저 그 형제와 화해하라(5,23-24)고 하십니다. 이 말씀을 어떻게 실천하고 있는지 나누어봅시다.

## 기억하고 싶은 성경 구절을 적어봅시다

## 기도합시다

숨은 일도 보시는 하느님 앞에서 우리가 자선과 기도와 단식을 진실하게 실천할 수 있도록 기도합시다.

# 제4과
# 산상 설교 2

예수님께서는 세상 걱정에서 벗어나 하느님의 나라와 그분의 의로움을 먼저 찾으면 모든 것을 곁들여 받게 될 것이며, 남을 심판하지 않고 남이 자신에게 해주기를 바라는 그대로 남에게 해주는 것이 하느님의 뜻이라 말씀하십니다. 예수님의 이 모든 가르침을 듣고 실행하는 이는 자기 집을 반석 위에 짓는 슬기로운 사람입니다.

## 읽어봅시다 6,19-7,29

## 살펴봅시다

1. 세상 재물과 세상 걱정에 대한 예수님의 말씀입니다. 빈칸을 채워봅시다.

6,19.21: "너희는 자신을 위하여 보물을 (          )에 쌓아 두지 마라. 사실 너의 보물이 있는 곳에 너의 (          )도 있다."

6,24: "아무도 두 (          )을 섬길 수 없다. 너희는 하느님과 (          )을 함께 섬길 수 없다."

6,31-33: "너희는 '무엇을 먹을까?', '무엇을 마실까?', '무엇을 차려입을까?' 하며 (          ). 하늘의 너희 아버지께서는 이 모든 것이 너희에게 필요함을 아신다. 너희는 먼저 (          )와 그분의 (          )을 찾아라."

2. 율법과 예언서의 정신은 무엇입니까? 7,12의 말씀을 옮겨 적고 그 내용을 음미해보십시오.

7,12:

3. 하느님의 뜻을 실천해야 한다는 예수님의 말씀을 바르게 연결하십시오.

① "좋은 나무는 모두 좋은 열매를 맺고"(7,17)

② "나에게 '주님, 주님!' 한다고 모두 하늘 나라에 들어가는 것이 아니다"(7,21).

③ "나의 이 말을 듣고 실행하는 이는"(7,24)

• "모두 자기 집을 반석 위에 지은 슬기로운 사람과 같을 것이다."

• "하늘에 계신 내 아버지의 뜻을 실행하는 이라야 들어간다."

• "나쁜 나무는 나쁜 열매를 맺는다."

4. 군중이 예수님의 가르침을 듣고 몹시 놀랐던 이유는 무엇입니까?(7,28-29)

## 곰곰이 생각하고 나누어봅시다

"내일을 걱정하지 마라. 내일 걱정은 내일이 할 것이다. 그날 고생은 그날로 충분하다"(6,34)라는 말씀이 어떻게 다가오는지 생각하고 나누어봅시다.

## 기억하고 싶은 성경 구절을 적어봅시다

## 기도합시다

재물의 유혹과 세상 걱정에서 벗어나 먼저 하느님의 나라와 그분의 의로움을 찾는 은총을 청하며 기도합시다.

## 제5과
# 예수님의 권능을 드러내는 기적 이야기

산상 설교를 마친 예수님께서는 갈릴래아 지방에서 메시아의 권능을 보여주는 아홉 가지 기적 행위를 통해 하느님의 구원을 드러내십니다. 이는 "그는 우리의 병고를 떠맡고 우리의 질병을 짊어졌다"라고 한 이사야 예언의 성취입니다(8, 17). 군중은 예수님께서 행하신 기적을 보고 두려워하며, 그분께 이러한 권한을 주신 하느님을 찬양합니다. 예수님께서는 "새 포도주는 새 부대에 담아야 한다"라고 말씀하시며 하느님 나라의 새로움을 강조하십니다.

## 읽어봅시다 8,1-9,38

## 살펴봅시다

1. 8,1-4은 예수님께서 나병 환자를 치유한 이야기입니다. 말씀을 읽고 빈칸을 채워보십시오.

**① 나병 환자를 치유하실 때 하신 예수님의 말씀과 행동(8,3)**

예수님께서 (              )을 내밀어 그에게 (                    ) 말씀하셨다. "내가 (                              ) 깨끗하게 되어라." 그러자 곧 그의 나병이 깨끗이 나았다.

**② 나병 환자가 깨끗이 나은 다음 하신 예수님의 말씀(8,4)**

"아무에게도 말하지 않도록 조심하여라. 다만 (                    )에게 가서 네 몸을 보이고 모세가 명령한 예물을 바쳐, 그들에게 (                  )가 되게 하여라."

2. 백인대장이 예수님께 다가와 자신의 병든 종을 고쳐달라고 청하자, 예수님께서는 "내가 가서 그를 고쳐주마" 하고 말씀하셨습니다. 이에 백인대장은 어떻게 대답합니까?

8,8: "주님, 저는 주님을 제 지붕 아래로 모실 자격이 없습니다. ______________________________________________

_______________________________."

3. 세리와 죄인들과 식사하시는 예수님을 보고 불만을 토로하는 바리사이들에게 예수님께서 하신 말씀입니다. 빈칸을 채워보십시오.

9,12-13: "튼튼한 이들에게는 의사가 필요하지 않으나 병든 이들에게는 필요하다. 너희는 가서 '내가 바라는 것은 (                    )이 아니라 (                    )다' 하신 말씀이 무슨 뜻인지 배워라. 사실 나는 (                    )이 아니라 (                    )을 부르러 왔다."

4. 다음은 예수님의 활동에 관한 내용입니다. 서로 연결하며 내용을 파악해보십시오.

㉠ 예수님께서는 그들의 눈에 손을 대시며 이르셨다. "너희가 믿는 대로 되어라"(9,29).

㉡ 예수님께서 소녀의 손을 잡으셨다. 그러자 소녀가 일어났다(9,25).

㉢ 바리사이들은, "저 사람은 마귀 우두머리의 힘을 빌려 마귀들을 쫓아낸다" 하였다(9,34).

㉣ 예수님께서 돌아서시어 그 여자를 보시며 이르셨다. "딸아, 용기를 내어라. 네 믿음이 너를 구원하였다"(9,22).

① 한 회당장이 와서 예수님께 엎드려 절하며, "제 딸이 방금 죽었습니다. 그러나 가셔서 아이에게 손을 얹으시면 살아날 것입니다" 하고 말하였다(9,18).

(　　　)

② 열두 해 동안 혈루증을 앓는 여자가 예수님 뒤로 다가가, 그분의 옷자락 술에 손을 대었다(9,20).

(　　　)

③ 눈먼 사람 둘이 따라오면서, “다윗의 자손이시여, 저희에게 자비를 베풀어주십시오” 하고 외쳤다(9,27).

(　　　)

④ 마귀가 쫓겨나자 말 못하는 이가 말을 하였다 (9,33).

(　　　)

## 곰곰이 생각하고 나누어봅시다

병자들을 고쳐주시는 예수님의 모습(8,16-17)을 보며 느낀 점을 나누어봅시다.

## 기억하고 싶은 성경 구절을 적어봅시다

## 기도합시다

예수님의 마음으로 병고에 시달리는 이들을 찾아 돌보고 도움을 줄 수 있는 은총을 청합시다.

## 제6과

# 파견 설교

예수님께서 열두 사도를 뽑아 파견하시며 그들에게 당신의 권능을 주시어 더러운 영들을 쫓아내고 병자와 허약한 이를 고쳐주게 하십니다. 파견된 사도들은 예수님의 이름 때문에 박해를 받겠지만 끝까지 견디면 구원을 받을 것이며, 그들의 머리카락까지 다 세어두신 하느님 아버지께서 보호하시기 때문에 두려워하지 않고 복음을 선포할 수 있게 될 것입니다. 그리고 파견된 사도들을 받아들이는 사람에게는 반드시 보상이 따른다고 약속하십니다.

## 읽어봅시다 10,1-11,1

## 살펴봅시다

1. 빈칸을 채워 열두 사도의 명단을 완성하십시오.

10,2-4: 열두 사도의 이름은 이러하다. (                    )라고 하는 시몬을 비롯하여 그의 동생 안드레아, 제베대오의 아들 (                    )와 그의 동생 (                    ), 필립보와 바르톨로메오, 토마스와 세리 (                    ), 알패오의 아들 야고보와 타대오, 열혈당원 시몬, 그리고 예수님을 팔아넘긴 유다 이스카리옷이다.

2. 예수님께서 열두 사도를 파견하시며 선포하라고 이르신 말씀은 무엇입니까?

10,6-7: "이스라엘 집안의 길 잃은 양들에게 가라. 가서 '________________________________________' 하고 선포하여라."

3. 예수님께서 하신 말씀이 <u>아닌</u> 것은 무엇입니까?

① "비둘기처럼 슬기롭고 뱀처럼 순박하게 되어라" (10,16).

② "사람들이 너희를 넘길 때, 어떻게 말할까, 무엇을 말할까 걱정하지 마라"(10,19).

③ "육신은 죽여도 영혼은 죽이지 못하는 자들을 두려워하지 마라"(10,28).

④ "내가 세상에 평화를 주러 왔다고 생각하지 마라. 평화가 아니라 칼을 주러 왔다"(10,34).

4. 예수님께서 당신을 따르려면 어떻게 해야 한다고 하십니까?

10,38: "제 (                    )를 지고 나를 따르지 않는 사람도 나에게 합당하지 않다."

10,39: "제 (            )을 얻으려는 사람은 (            )을 잃고, 나 때문에 제 (                    )을 잃는 사람은 (                    )을 얻을 것이다."

## 곰곰이 생각하고 나누어봅시다

예수님의 이름 때문에 사람들로부터 미움을 받거나 박해를 받은 경험이 있습니까? 그것을 어떻게 이겨냈는지 함께 나누어봅시다(10,16-25 참조).

## 기억하고 싶은 성경 구절을 적어봅시다

## 기도합시다

어렵고 힘든 곳에서 복음을 선포하며 하느님 나라를 위해 일하는 선교사들을 위해 기도합시다.

## 제7과
# 예수님의 신원에 대한 질문과 반응

예수님께서 "나에게 의심을 품지 않는 이는 행복하다"(11,6)라고 말씀하시며, 기적을 보고도 당신을 받아들이지 않고 회개하지 않는 여러 고을을 꾸짖으십니다. 또 마귀를 쫓아내는 예수님의 권능을 베엘제불의 것이라고 비방하는 바리사이들에게 '성령을 거슬러 말하는 자는 현세에서도 내세에서도 용서받지 못한다'고 일러주십니다. 그리고 자비를 실천하는 안식일의 진정한 의미와 하늘에 계신 아버지의 뜻을 실행하는 이들이 예수님의 참가족임을 말씀하십니다.

## 읽어봅시다 11,2-12,50

## 살펴봅시다

1. '고생하고 무거운 짐을 진 사람들'에게 하신 예수님의 말씀입니다. 빈칸을 채워보십시오.

11,28: "고생하며 무거운 짐을 진 너희는 모두 (         )에게 오너라. 내가 너희에게 (         )을 주겠다."

11,29: "나는 (         )이 온유하고 겸손하니 내 (         )를 메고 나에게 배워라. 그러면 너희가 안식을 얻을 것이다."

11,30: "정녕 내 멍에는 (         ) 내 짐은 (         )."

2. 안식일에 배가 고파 밀이삭을 뜯어 먹는 예수님의 제자들을 보고 바리사이들은 예수님께 '안식일에 해서는 안 되는 일을 하고 있다'고 말합니다. 예수님께서 가르치신 안식일의 의미를 생각하며 빈칸을 채워보십시오.

**① 안식일의 의미**(12,7)

"'(

)' 하신 말씀이 무슨 뜻인지 너희가 알았더라면, 죄 없는 이들을 단죄하지는 않았을 것이다."

**② 안식일의 주인**(12,8)

"사실 ( )은 안식일의 주인이다."

3. 예수님께서 마귀 들려 눈이 멀고 말을 못하는 사람을 고쳐주시자 바리사이들은 예수님께서 누구의 힘을 빌려서 마귀를 쫓아내셨다고 합니까?

12,24:

4. 예수님께서는 어떤 사람이 당신의 형제요, 누이요, 어머니라고 하셨습니까?

12,50:

## 곰곰이 생각하고 나누어봅시다

안식일에 손이 오그라든 사람을 고치시는 예수님께서 중요하게 생각하셨던 것과 그 기준은 무엇인지 생각하고 나누어봅시다(12,11-12).

## 기억하고 싶은 성경 구절을 적어봅시다

## 기도합시다

아픈 이들과 약한 이들을 사랑하시는 예수님의 마음을 닮을 수 있기를 청합시다.

## 제8과
# 비유 설교

예수님께서 군중에게 일곱 가지 비유(씨 뿌리는 사람, 가라지, 겨자씨, 누룩, 보물, 진주 상인, 그물)를 들어 하늘 나라의 신비를 가르치십니다. 이 비유들은 농부, 상인, 어부들이 일상에서 만나는 평범한 상황을 배경으로 하며, 이렇게 비유로 말씀하시는 이유는 군중이 하늘 나라의 신비를 보아도 보지 못하고 들어도 듣지 못하고 깨닫지 못하기 때문이라 하십니다.

## 읽어봅시다 13,1-58

## 살펴봅시다

1. 씨 뿌리는 사람의 비유에 대한 예수님의 가르침을 서로 연결하여 내용을 완성하십시오.

① 길에 뿌려진 씨 ② 돌밭에 뿌려진 씨
③ 가시덤불 속에 뿌려진 씨 ④ 좋은 땅에 뿌려진 씨

13,19: "하늘 나라에 관한 말을 듣고 깨닫지 못하면, 악한 자가 와서 그 마음에 뿌려진 것을 빼앗아 간다."( )

13,23: "말씀을 듣고 깨닫는다. 그런 사람은 열매를 맺는데, 어떤 사람은 백 배, 어떤 사람은 예순 배, 어떤 사람은 서른 배를 낸다."( )

13,22: "말씀을 듣기는 하지만, 세상 걱정과 재물의 유혹이 그 말씀의 숨을 막아버려 열매를 맺지 못한다."( )

13,20-21: "그는 말씀을 들으면 곧 기쁘게 받는다. 그러나 그

사람 안에 뿌리가 없어서 오래가지 못한다. 그래서 말씀 때문에 환난이나 박해가 일어나면 곧 걸려 넘어지고 만다."(　　)

2. 다음 중 하늘 나라에 대한 예수님의 가르침이 아닌 것은 무엇입니까?

① "하늘 나라는 누룩과 같다. 어떤 여자가 그것을 가져다가 밀가루 서 말 속에 집어 넣었더니, 마침내 온통 부풀어 올랐다"(13,33).

② "하늘 나라는 밭에 숨겨진 보물과 같다. 그 보물을 발견한 사람은 그것을 다시 숨겨두고서는 기뻐하며 돌아가서 큰 창고를 지었다"(13,44).

③ "하늘 나라는 좋은 진주를 찾는 상인과 같다. 그는 값진 진주를 하나 발견하자, 가서 가진 것을 모두 처분하여 그것을 샀다"(13,45-46).

④ "하늘 나라는 바다에 던져 온갖 종류의 고기를 모아들인 그물과 같다. 그물이 가득 차자 사람들이 그것을 물가로 끌어올려 놓고 앉아서, 좋은 것들은 그릇에 담고 나쁜 것들은 밖으로 던져버렸다"(13,47-48).

3. 밀과 가라지의 비유에 대한 예수님의 설명을 표에서 찾아 바르게 연결해보십시오(13,36-40).

㉠ 악마 ㉡ 사람의 아들 ㉢ 세상
㉣ 하늘 나라의 자녀들 ㉤ 악한 자의 자녀들
㉥ 세상 종말 ㉦ 천사들 ㉧ 의인들

① 좋은 씨를 뿌리는 이 (    )
② 좋은 씨 (    )
③ 가라지 (    )
④ 가라지를 뿌린 원수 (    )
⑤ 수확 때 (    )
⑥ 일꾼들 (    )

4. 예수님께서 고향 나자렛에서 가르치셨을 때 사람들에게 무시를 당하십니다. 그때 하신 말씀과 기적을 일으키지 않으신 이유는 무엇인지 빈칸을 채워보십시오(13,54-58).

13,57: "(　　　　)는 어디에서나 존경받지만 (　　　)과 집안에서만은 존경받지 못한다."

13,58: 그들이 (　　　　　　　　) 그곳에서는 기적을 많이 일으키지 않으셨다.

### 곰곰이 생각하고 나누어봅시다

가라지의 비유에서 가라지를 거두어내겠다는 종들의 말에, 집주인은 "가라지들을 거두어내다가 밀까지 함께 뽑을지도 모른다"라며 수확 때까지 둘 다 함께 자라도록 내버려두라고 합니다(13,28-30). 내 안의 밀과 가라지는 무엇이며, 그것을 대하는 나의 태도는 어떠한지 생각하고 나누어봅시다.

### 기억하고 싶은 성경 구절을 적어봅시다

### 기도합시다

다른 사람의 약함과 한계를 너그러운 마음으로 바라보며 기다릴 수 있는 인내를 청하며 기도합시다.

## 제9과
# 빵의 기적 이야기와 예수님의 가르침

오천 명과 사천 명을 먹이신 기적과 물 위를 걸으신 기적을 통해 예수님은 당신이 하느님께서 보내신 분임을 분명히 드러내십니다. 이러한 모습을 보고 제자들은 예수님께 참으로 '하느님의 아드님'이시라고 고백합니다. 예수님께서는 바리사이들과 율법 학자들과 정결례에 대한 논쟁을 펼치시며 '입으로 들어가는 것'이 아니라 '입에서 곧 마음에서 나오는 것'이 사람을 더럽힌다고 가르치십니다. 또 표징을 요구하며 예수님을 시험하는 바리사이들과 사두가이들의 누룩(가르침)을 조심하라고 경고하십니다.

## 읽어봅시다 14,1-16,12

## 살펴봅시다

1. 다음 중 오천 명을 먹이신 기적에 대한 내용이 아닌 것은 무엇입니까?

① 저녁때가 되자 군중을 돌려보내어, 스스로 먹을거리를 사게 하자는 제자들에게 예수님께서는 “너희가 그들에게 먹을 것을 주어라” 하셨다(14,15-16).

② 예수님께서는 군중에게 풀밭에 자리를 잡으라고 하시고 빵 다섯 개와 물고기 두 마리를 손에 들고 하늘을 우러러 찬미를 드리셨다(14,19).

③ 제자들은 예수님께서 떼어주신 빵을 군중에게 나누어 주었는데 모두 배불리 먹었다(14,19-20).

④ 남은 조각을 모으니 열두 광주리에 가득 찼는데 먹은 사람은 여자들과 아이들과 남자까지 합쳐서 오천 명가량이었다(14,20-21).

2. 예수님께서 물 위를 걸으셨을 때 일어난 일입니다. 빈칸을 채워 예수님께서 하신 말씀을 완성하십시오.

**① 제자들이 호수 위를 걸으시는 예수님을 보고 겁에 질려 "유령이다!" 하며 두려워 소리를 질러댔을 때 (14,26-27)**

"용기를 내어라. (                                        )."

**② 물 위를 걸어 예수님께 가다가 두려워하여 물에 빠져 구해달라고 소리 지르는 베드로를 붙잡아주시며 (14,29-31)**

"이 (                              )이 약한 자야, 왜 의심하였느냐?"

3. 빈칸에 알맞은 낱말을 찾아 바르게 적어보십시오.

계명　입　누룩　강아지　여우　마음　빵　믿음

**① 조상들의 전통에 관한 논쟁**

15,3: "너희는 또 어째서 너희의 전통 때문에 하느님의 (　　　　　　)을 어기느냐?"

15,11: "오히려 (　　　　　　)에서 나오는 것이 사람을 더럽힌다."

15,18: "그런데 입에서 나오는 것은 (　　　　　　)에서 나오는데 바로 그것이 사람을 더럽힌다."

**② 가나안 여자의 믿음**

15,26: "자녀들의 빵을 집어 (　　　　　　)들에게 던져 주는 것은 좋지 않다."

15,28: "아, 여인아! 네 (                    )이 참으로 크구나.
네가 바라는 대로 될 것이다."

### ③ 바리사이들과 사두가이들의 누룩을 조심하여라

16,11: "내가 (                    )을 두고 말한 것을 아님을 어찌
하여 이해하지 못하느냐? 바리사이들과 사두가이
들의 (                              )을 조심하여라."

## 곰곰이 생각하고 나누어봅시다

거센 바람을 보고 두려움을 느껴 호수에 빠진 베드로가 예수님께 청한 말(14,30)을 묵상하며, 나는 세상의 거센 풍랑을 만났을 때 예수님께 어떻게 간청하고 기도하는지 나누어봅시다.

## 기억하고 싶은 성경 구절을 적어봅시다

## 기도합시다

일상을 살아가며 겪는 어려움 속에서도 늘 주님을 믿으며 살아갈 수 있는 용기와 힘을 주시기를 청합시다.

## 제10과
# 수난 예고

예수님께서 당신을 ‘그리스도’라 고백한 베드로에게 축복의 말씀을 하시고, 제자들에게 당신이 그리스도라는 사실을 아무에게도 말하지 말라고 분부하십니다. 예루살렘으로 가시는 도중 세 제자와 함께 오른 높은 산에서 영광스러운 모습으로 변모하신 후 모세와 엘리야와 함께 대화를 나누십니다. 이처럼 ‘하느님의 아들’이라는 당신의 신원을 드러내시지만 이어서 고통스러운 수난과 부활도 두 번에 걸쳐 예고하십니다. 그러나 여전히 제자들은 이 모든 것을 알아듣지 못합니다.

## 읽어봅시다 16,13-17,27

## 살펴봅시다

1. "너희는 나를 누구라고 생각하느냐?"라는 예수님의 질문에 대한 베드로의 신앙고백을 완성하십시오.

16,16: "스승님은 (                    ) 아드님 (                    )이십니다."

2. 베드로의 신앙고백을 듣고 예수님께서 하신 말씀이 아닌 것은 무엇입니까?(16,17-20)

① "시몬 바르요나야, 너는 행복하다! 살과 피가 아니라 하늘에 계신 내 아버지께서 그것을 너에게 알려 주셨기 때문이다"(16,17).

② "너는 베드로이다. 내가 이 반석 위에 내 교회를 세울 터인즉, 저승의 세력도 그것을 이기지 못할 것이다"(16,18).

③ “나는 너에게 하늘 나라의 열쇠를 주겠다”(16,19).

④ “네가 무엇이든지 땅에서 매면 하늘에서는 풀릴 것이고, 네가 무엇이든지 땅에서 풀면 하늘에서는 매일 것이다”(16,19).

3. 예수님께서 처음으로 하신 수난과 부활에 대한 예고 말씀입니다. 빈칸을 채워보십시오.

16,21: 예수님께서는 당신이 반드시 (　　　　　　　　　　)에 가시어 원로들과 수석 사제들과 율법 학자들에게 많은 (　　　　　　　　)을 받고 (　　　　　　　　)을 당하셨다가 (　　　　　　　　　　　　　　　　　) 한다는 것을 제자들에게 밝히기 시작하셨다.

4. 예수님께서 높은 산에 오르시어 거룩하게 변모하셨을 때 나타난 구약의 두 인물은 누구이며 변모 후 구름 속에서 어떤 소리가 났습니까?

① **구약의 두 인물**(17,3)

______________________________

② **구름 속에서 났던 소리**(17,5)

"______________________________

______________ 너희는 그의 말을 들어라."

## 곰곰이 생각하고 나누어봅시다

예수님의 수난과 부활에 대한 예고를 듣고 반박한 베드로에게 예수님께서는 "너는 하느님의 일은 생각하지 않고 사람의 일만 생각하는구나!"(16,23) 하고 꾸짖으십니다. 나는 언제 사람의 일로 하느님의 일을 가리는지 생각하고 나누어봅시다.

## 기억하고 싶은 성경 구절을 적어봅시다

## 기도합시다

예수님이 살아 계신 하느님의 아드님, 그리스도임을 바르게 알고, 그분을 섬길 수 있는 은총을 청하며 기도합시다.

제11과
# 공동체 설교

예수님께서 제자들에게 공동체를 이끄는 방법을 가르치십니다. 하늘 나라에서 가장 큰 사람이 누구인가에 대한 논쟁에서 가장 큰 사람은 어린이처럼 자신을 낮추는 사람이라 하십니다. 그리고 작은 이들이라도 그들의 천사가 하늘에서 하느님의 얼굴을 항상 보고 있기 때문에 업신여기지 말라고 당부하십니다. 공동체의 형제가 죄를 지었을 때는 한 단계씩 밟아가며 회개로 이끌어야 하고, '두세 사람이라도 당신 이름으로 모인 곳에는 당신이 함께 있겠다'고 하십니다. 하느님의 자비로 죄를 용서받았듯이 형제들을 전적으로 용서해야 한다고 말씀하십니다.

## 읽어봅시다 18,1-35

## 살펴봅시다

1. "하늘 나라에서 누가 가장 큰 사람입니까?"라는 제자들의 질문에 대한 예수님의 말씀을 빈칸을 채워 완성하십시오.

18,3: 너희가 회개하여 (                    )처럼 되지 않으면, 결코 하늘 나라에 들어가지 못한다.

18,4: 이 (                    )처럼 자신을 낮추는 이가 하늘 나라에서 가장 큰 사람이다.

2. 예수님께서 하신 말씀입니다. 빈칸을 채워보십시오.

18,10: "너희는 이 작은 이들 가운데 하나라도 업신여기지 않도록 주의하여라. … 하늘에서 그들의 (        )들이 하늘에 계신 내 아버지의 얼굴을 늘 보고 있다."

18,14: "작은 이들 가운데 하나라도 (                    ) 것은 하늘에 계신 너희 아버지의 (          )이 아니다."

18.19: "너희 가운데 두 사람이 이 땅에서 (                    )을 모아 무엇이든 청하면, 하늘에 계신 내 아버지께서 이루어주실 것이다."

18,22: "(                              ). 일곱 번이 아니라 (                              ) 번까지라도 용서해야 한다."

18,35: "너희가 저마다 자기 형제를 (                    )으로부터 (                    )하지 않으면, 하늘의  내 아버지께서도 너희에게 그와 같이 하실 것이다."

3. 예수님께서 말씀하신 ‘매정한 종의 비유’(18,23-35)의 내용이 아닌 것은 무엇입니까?

① 임금은 만 탈렌트를 빚진 종에게 가엾은 마음이 들어 그를 놓아주고 빚을 탕감해 주었다(18,23-27).

② 만 탈렌트를 탕감받은 종은 자신에게 백 데나리온을 빚진 동료를 만나자 빚진 것을 갚을 때까지 감옥에 가두었다(18,28-30).

③ 이 일을 목격한 동료들은 모른 척했다(18,31).

④ 임금은 빚을 탕감해 준 종을 다시 불러 “내가 너에게 자비를 베푼 것처럼 너도 네 동료에게 자비를 베풀었어야 하지 않느냐?” 하며 빚진 것을 다 갚게 하였다(18,32-34).

## 곰곰이 생각하고 나누어봅시다

예수님께서는 "회개하여 어린이처럼 되지 않으면, 결코 하늘 나라에 들어가지 못한다"(18,3)라고 말씀하셨습니다. 회개하여 어린이와 같이 된다는 것이 어떤 의미인지 각자의 처지에서 생각하고 나누어봅시다.

## 기억하고 싶은 성경 구절을 적어봅시다

## 기도합시다

공동체의 '작은 이'를 업신여기지 말고, 나에게 죄를 지은 이를 자비로이 용서할 수 있는 은총을 청하며 기도합시다.

## 제12과
# 예루살렘을 향하여

예수님께서 갈릴래아를 떠나 예루살렘을 향하여 요르단 건너편 유다 지방으로 가십니다. 그곳에서 혼인의 중요성과 하늘 나라에 들어가는 데 걸림돌이 되는 재물의 유혹에 대한 가르침을 주십니다. 선한 포도밭 주인의 비유를 통해서는 모든 이를 사랑하시는 하느님의 자비를 보여주십니다. 그리고 세 번째 수난과 부활 예고와 함께 '섬기러 오신' 당신의 길을 따르라 당부하십니다.

## 읽어봅시다 19,1-20,34

## 살펴봅시다

1. 예수님과 바리사이들과의 혼인과 이혼에 관한 논쟁 중 예수님의 말씀과 맞지 않은 것은 무엇입니까?(19,1-9)

① 창조주께서 '그들을 처음부터 남자와 여자로 만드시고' 나서 '그러므로 남자는 아버지와 어머니를 떠나 아내와 결합하여, 한 몸이 될 것이다'(19,4-5)라고 하셨다.

② 하느님께서 맺어주신 것을 사람이 갈라놓을 수 있다(19,6).

③ 모세는 너희의 마음이 완고하기 때문에 '이혼장을 써 주고 아내를 버려라' 하고 허락한 것이다(19,7-8).

④ 불륜을 저지른 경우 외에 아내를 버리고 다른 여자와 혼인하는 자는 간음하는 것이다(19,9).

2. “영원한 생명을 얻으려면 무슨 선한 일을 해야 합니까?” 라고 묻는 사람에게 하신 예수님의 말씀입니다. 빈칸을 채워보십시오.

19,21: “네가 완전한 사람이 되려거든, 가서 너의 (            ) 을 팔아 (                              )에게 주어라. 그러면 네가 하늘에서 보물을 차지하게 될 것이다. 그리고 와서 (                                        ).”

3. ‘선한 포도밭 주인의 비유’에서 맨 먼저 온 일꾼들은 맨 나중에 온 이들과 같이 한 데나리온을 주는 주인에게 투덜거립니다. 빈칸을 채워 이에 대한 주인의 말을 완성하십시오(20,1-16).

20,15: “내 것을 가지고 (                              ) 할 수 없다는 말이오? 아니면, 내가 (                    ) 시기하는 것이오?”

20,16: “이처럼 (                )가 첫째 되고 (                )가 꼴찌 될 것이다.”

4. 예리코의 눈먼 사람 둘이 예수님께서 지나가신다는 말을 듣고 예수님께 무엇이라고 외쳤으며, 예수님께 청한 것은 무엇입니까?

① **외침**(20,31)

“______________________________________________

______________________________________________.”

② **청한 것**(20,33)

“______________________________________________.”

## 곰곰이 생각하고 나누어봅시다

일상에서 영원한 생명을 얻기 위해 내가 가진 것(영적, 물적)을 내놓으려 노력하는지 생각하고 나누어봅시다(19,16-21).

## 기억하고 싶은 성경 구절을 적어봅시다

## 기도합시다

내가 가진 모든 것은 주님께서 주신 것임을 기억하며, 그것을 필요로 하는 이들과 나눌 수 있는 마음을 청합시다.

제13과
# 예루살렘에 입성하신 예수님

"다윗의 자손께 호산나!"를 외치는 군중의 환호 가운데 예수님께서는 암나귀와 어린 나귀를 타고, 즈카르야와 이사야가 예언한 겸손한 임금의 모습으로 예루살렘에 입성하십니다. 그리고 강도의 소굴이 된 예루살렘 성전을 정화하시며 백성의 지도자들과 당신의 권한을 두고 논쟁을 벌이십니다. 세 가지 비유를 들어 이스라엘의 심판과 부르심을 받은 이들에게 요청되는 자세에 대해 가르치시고, 바리사이들, 사두가이들과 네 차례 논쟁을 하시며 참된 가르침으로 경탄하게 만드십니다.

## 읽어봅시다 21,1-22,46

## 살펴봅시다

1. 예수님께서 예루살렘에 입성하신 후 가장 먼저 하신 일은 무엇입니까?(21,12-17)

① 최후 만찬
② 무화과나무 저주
③ 성전 정화
④ 십자가를 지심

2. 예수님께서 들려주신 세 가지 비유 말씀입니다. 알맞은 말을 찾아 빈칸을 채워보십시오.

혼인 예복, 초대장, 세리와 창녀,
임금, 수석 사제들과 바리사이

**① 두 아들의 비유**(21,31-32)

'포도밭에 가서 일하여라'라는 아버지 말에 처음에는 가기 싫다고 했지만, 나중에 생각을 바꾸어 아버지의 포도밭에 일하러 간 맏아들은 하느님 나라에 먼저 들어간 (                    )들을 의미한다.

**② 포도밭 소작인의 비유**(21,33-46)

포도밭 주인인 하느님께서 자기 몫의 소출을 받으러 보낸 아들은 예수님이고, 주인의 상속 재산을 차지하기 위해 그 아들을 죽인 소작인은 (                                        )들을 의미한다.

### ③ 혼인 잔치의 비유(22,1-14)

하늘 나라에 비유된 혼인 잔치에 마지막으로 초대되어 잔칫방을 가득 채운 사람 중에서 하느님의 뜻을 실천하고 자비를 베푸는, 의로운 생활을 의미하는 (                    )을 갖추지 못한 사람은 쫓겨난다.

3. 바리사이들은 예수님께 올가미를 씌우려고 황제에게 세금을 내는 것이 합당한지 묻습니다. 이에 대해 예수님께서 하신 답변을 완성하십시오(22,15-22).

22,21: "(                    )의 것은 (                    )에게 돌려주고,
(                    )의 것은 (                    )께 돌려드려라"

4. "율법에서 가장 큰 계명은 무엇입니까?"라는 율법 교사의 질문에, 예수님께서 온 율법과 예언서의 정신이 달려 있다고 하시며 가르쳐주신 계명은 무엇입니까?

① **첫째가는 계명**(22,37)

"______________________________

______________________________

______________________________."

② **둘째가는 계명**(22,39)

"______________________________

______________________________."

## 곰곰이 생각하고 나누어봅시다

예수님은 성전에서 장사하는 이들을 향해 성전을 '강도들의 소굴'로 만들었다며 모두 쫓아내셨습니다. 우리가 함께 모여 기도하는 성당은 어떤 곳이어야 하는지 생각해보고 나누어 봅시다.

## 기억하고 싶은 성경 구절을 적어봅시다

## 기도합시다

기도의 집인 성당에서 미사에 참례할 때마다 우리의 몸과 마음을 정성스럽게 봉헌할 수 있는 은총을 청합시다.

## 제14과
# 심판과 종말 설교

예수님께서는 말만 하고 실천하지 않으면서 사람들에게 보이기 위해 모든 일을 하는 율법학자들과 바리사이들을 심판하시며 그들을 향해 불행을 선언하십니다. 황폐해질 예루살렘을 두고 한탄하시고 성전 파괴를 예고하시며, 종말에 대한 세 가지 비유를 통해 그날과 그 시기는 아무도 알 수 없으니 "깨어 있어라" 하고 가르치십니다. 최후 심판에서 구원의 기준은 가장 작은 이들 가운데 한 사람에게 해준 것이라고 말씀하시는데, 그것이 바로 주님께 해드린 것이기 때문입니다.

## 읽어봅시다 23,1-25,46

## 살펴봅시다

1. 예수님께서 위선자 율법학자들과 바리사이들을 꾸짖으시며 일곱 차례에 걸쳐 '불행하다'고 말씀하십니다. 다음 중 예수님의 말씀이 아닌 것 두 개를 찾으십시오(23,13-36).

① 사람들 앞에서 하늘 나라의 문을 잠가버리고, 자기도 그리고 들어가려는 이들까지도 들어가게 놓아두지 않는다(23,13).

② 성전의 금을 두고 한 맹세는 아무것도 아니지만, 성전을 두고 한 맹세는 지켜야 한다고 한다(23,16).

③ 박하와 시라와 소회향의 십일조도 무시할 뿐만 아니라 의로움과 자비와 신의처럼 율법에서 더 중요한 것들도 무시한다(23,23).

④ 잔과 접시의 겉은 깨끗이 하지만, 그 안은 탐욕과 방종으로 가득 차 있다(23,25).

⑤ 겉은 아름답게 보이지만 속은 죽은 이들의 뼈와 온갖 더러운 것으로 가득 차 있는 회칠한 무덤 같다(23,27).

2. 다음 중 예수님께서 말씀하신 종말의 표징과 이에 대한 당부의 말씀을 찾아 연결해보십시오.

| | |
|---|---|
| ① 많은 사람이 내 이름으로 와서, '내가 그리스도다' 하면서 많은 사람을 속일 것이다(24,5). | • 불안해하지 않도록 주의하여라. |
| ② 여기저기에서 전쟁이 났다는 소식과 전쟁이 일어난다는 소문을 들을 것이다(24,6). | • 누구에게도 속는 일이 없도록 조심하여라. |
| ③ 내 이름 때문에 모든 민족들에게 미움을 받을 것이고 많은 사람이 떨어져 나가 서로 팔아넘기고 서로 미워하며, 거짓 예언자들이 많이 나타나 많은 이를 속일 것이다(24,9-11). | • 끝까지 견디는 이는 구원을 받을 것이다. |

3. 사람의 아들이 재림하는 날과 시간은 오로지 아버지만 아신다(24,36)고 하시면서 제자들에게 하신 예수님의 말씀입니다. 빈칸을 채워보십시오.

24,42: "(                    ). 너희의 주인이 어느 날에 올지 너희가 모르기 때문이다."

24,44: "너희도 준비하고 있어라. 너희가 (                    )에 사람의 아들이 올 것이기 때문이다."

4. 예수님께서 하신 말씀입니다. 빈칸을 채워보십시오.

24,45-46: 행복하여라, (                    )이 돌아와서 볼 때에 (                    ) 일하고 있는 종!

25,3-4.8-10: 등과 함께 (                    )도 그릇에 담아 준비하고 있던 슬기로운 처녀들은 신랑과 함께 (                    )에 들어가고, 문은 닫혔다.

25,21.23: 여행에서 돌아온 주인은 자신이 맡기고 떠났던 탈렌트를 두 배로 불린 두 종에게 말한다. '잘하였다, 착하고 성실한 종아! 네가 작은 일에 (          ) 하였으니 이제 내가 많은 일을 맡기겠다. 와서 네 주인과 함께 (                    )을 나누어라.'

25,45-46: 최후의 심판에서 이 (                    ) 가운데 한 사람에게 해주지 않은 것이 바로 (                    ) 해주지 않는 것이다. 이렇게 하여 그들은 영원한 (          )을 받은 곳으로 간다.

## 곰곰이 생각하고 나누어봅시다

"너희가 내 형제들인 이 가장 작은 이들 가운데 한 사람에게 해준 것이 바로 나에게 해준 것이다" 하신 예수님의 말씀이 나에게 어떻게 다가옵니까?(25,40)

## 기억하고 싶은 성경 구절을 적어봅시다

## 기도합시다

'주님이 오실 날과 그 시각은 아무도 모른다' 하신 말씀을 기억하며, 하느님 말씀을 실천하고 영적으로 항상 깨어 있도록 기도합시다.

제15과
# 예수님의 수난

예수님께서 제자들에게 마지막 수난 예고를 하실 그때, 유다인 지도자들은 속임수를 써서 그분을 죽일 음모를 꾸미고, 열두 제자 가운데 하나인 유다 이스카리옷은 예수님을 배신하여 그들에게 넘길 적당한 기회를 노립니다. 예수님께서는 제자들과 함께 파스카 음식을 나누며 성찬례를 제정하십니다. 그 뒤 겟세마니로 가시어 하느님 아버지의 뜻이 이루어지길 기도하며 수난을 예비하십니다. 유다의 입맞춤을 신호로 예수님은 체포되고 카야파 대사제 관저로 끌려가 최고 의회에서 신문을 받습니다. 예수님에 관한 거짓 증언들과 하느님의 아들 메시아인지 신원을 밝히라는 대사제의 신문이 이어지며 하느님 모독죄가 선고됩니다.

## 읽어봅시다 26,1-75

## 살펴봅시다

1. 예수님께서 제자들에게 하신 마지막 수난 예고 말씀을 완성하십시오.

26,2: "너희도 알다시피 이틀이 지나면 ( )인데,
그러면 사람의 아들은 사람들에게 ( )
십자가에 못 박힐 것이다."

2. 다음 중 최후의 만찬 때 예수님께서 하신 말씀이 아닌 것은 무엇입니까?(26,20-35)

① "너희 가운데 한 사람이 나를 팔아넘길 것이다"(26.21).
② "모두 이 잔을 마셔라. 이는 죄를 용서해 주려고 많은 사람을 위하여 흘리는 내 계약의 피다"(26,28).

③ "나는 되살아나서 너희보다 먼저 예루살렘으로 갈 것이다"(26,32).

④ "오늘 밤 닭이 울기 전에 너는 세 번이나 나를 모른다고 할 것이다"(26,34).

3. 예수님께서 겟세마니에서 하신 기도입니다. 빈칸을 채워 보십시오.

26,39: 얼굴을 땅에 대고 기도하시며 이렇게 말씀하셨다.
"아버지, (                                        ) 이 잔이 저를 비켜 가게 해주십시오. 그러나 제가 원하는 대로 하지 마시고 (
                    )."

4. 다음은 예수님께서 겪으신 일들입니다. 그 내용과 맞지 않는 것은 무엇입니까?

① 유다는 예수님께 다가가, "스승님, 안녕하십니까?" 하고 나서 그분께 입을 맞추었다(26,49).
② 제자들은 모두 예수님을 버리고 달아났다(26,56).
③ 수석 사제들과 백성의 원로들이 보낸 무리가 예수님을 붙잡아 카야파 대사제에게 끌고 갔다(26,57).
④ 예수님은 제자들에게 "이제부터 '너희는 사람의 아들이 전능하신 분의 왼쪽에 앉아 있는 것과 하늘의 구름을 타고 오는 것을 볼 것이다'"(26,64) 하고 말씀하셨다.

## 곰곰이 생각하고 나누어봅시다

세 번이나 예수님을 모른다고 부인한 베드로는 닭이 우는 소리를 듣고 "닭이 울기 전에 너는 세 번이나 나를 모른다고 할 것이다" 하신 예수님의 말씀이 생각나서, 밖으로 나가 슬피 울었습니다(26,75). 베드로와 같은 마음을 느낀 적이 있었는지 기억해봅시다.

## 기억하고 싶은 성경 구절을 적어봅시다

## 기도합시다

나와 우리 공동체의 도움을 필요로 하는 이들을 위해 기도합시다.

## 제16과
# 예수님의 죽음과 부활

사형 집행권이 있는 빌라도 총독에게 넘겨진 예수님은 십자가형 선고를 받고, 골고타에서 '유다인들의 임금'이라는 죄명으로 십자가에 못 박혀 돌아가십니다. 예수님이 돌아가시면서 일어난 여러 가지 일을 보고 백인대장과 그와 함께 있던 이들은 "참으로 이분은 하느님의 아드님이셨다" 하고 고백합니다.

주간 첫날 예수님의 무덤을 보러 갔던 여자들은 천사에게서 예수님이 되살아나셨다는 말을 듣습니다. 그리고 갈릴래아에서 그분을 뵙게 되리라는 말도 듣습니다. 이에 여인들은 기뻐하며 제자들에게 소식을 전하러 가는 도중에 부활하신 예수님을 만납니다. 부활하신 예수님께서는 제자들에게 나타나시어 선교 사명을 맡기시며 세상 끝 날까지 함께하겠다고 약속하십니다.

## 읽어봅시다 27,1-28,20

## 살펴봅시다

1. 예수님이 사형 선고를 받는 과정입니다. 빈칸에 알맞은 낱말을 찾으십시오.

메시아 올리브나무 가시나무
의인 유다인 십자가

27,11: "당신이 (                    )들의 임금이오?" 하고 총독이 묻자, 예수님께서 "네가 그렇게 말하고 있다" 하고 대답하셨다.

27,15-17: 축제에 군중이 원하는 죄수를 풀어주는 관례에 따라 빌라도가 모여든 사람들에게, "내가 누구를 풀어주기를 원하오? 예수 바라빠요 아니면 (                    )라고 하는 예수요?" 하고 물었다.

27,29: (                    )로 관을 엮어 그분 머리에 씌우고 오른 손에 갈대를 들리고서는, 그분 앞에 무릎을 꿇고 "유다인들의 임금님, 만세!" 하며 조롱하였다.

27,31-32: 예수님을 (                         )에 못 박으러 끌고 나갔다. 그들은 나가다가 시몬이라는 키레네 사람을 보고 강제로 예수님의 (            )를 지게 하였다.

2. 다음은 예수님께서 십자가에 못 박히시고 돌아가시기까지의 내용입니다. 성경 본문과 다른 것 두 가지를 찾으십시오(27,35-56).

① 예수님의 머리 위에 붙은 죄명에는 '이자는 유다인들의 임금 예수다'라고 쓰여 있었다(27,37).

② 지나가던 자들은 예수님을 위로하였다(27,39).

③ 오후 세 시쯤에 예수님께서 큰 소리로, "엘리 엘리 레마 사박타니?" 하고 부르짖으셨다(27,46).

④ 예수님께서 숨을 거두시자 성전 휘장이 위에서 아래까지 두 갈래로 찢어지고, 땅이 흔들리고 바위들이 갈라졌으며, 무덤이 열리고 잠자던 많은 성도들의 몸이 되살아났다(27,51-52).

⑤ 율법학자들과 바리사이들은 지진과 다른 여러 가지 일들을 보고 몹시 두려워하며, "참으로 이분은 하느님의 아드님이셨다" 하고 말하였다(27,54).

3. 안식일이 지나고 주간 첫날이 밝아 올 무렵, 예수님의 무덤을 보러 간 마리아 막달레나와 다른 마리아는 천사를 만납니다. 천사가 제자들에게 전하라는 말을 완성하십시오.

28,7: "그러니 서둘러 그분의 제자들에게 가서 이렇게 일러라. '그분께서는 ______________________________ ________________. 이제 여러분보다 먼저 ______ ________________로 가실 터이니, 여러분은 그분을 거기에서 뵙게 될 것입니다.'"

4. 부활하신 예수님께서 제자들을 갈릴래아로 부르시어 하신 말씀이 아닌 것은 무엇입니까?(28,19-20)

① 너희는 가서 모든 민족들을 제자로 삼아라.
② 아버지와 아들과 성령의 이름으로 세례를 주어라.
③ 내가 너희에게 명령한 모든 것을 가르쳐 지키게 하여라.
④ 율법을 지켜야 한다.
⑤ 보라, 내가 세상 끝 날까지 언제나 너희와 함께 있겠다.

## 곰곰이 생각하고 나누어봅시다

예수님이 보여주신 '십자가 죽음을 통한 부활'을 묵상하며, 죽음과 부활의 삶은 무엇을 의미하는지 생각해보고 나누어 봅시다.

## 기억하고 싶은 성경 구절을 적어봅시다

## 기도합시다

마태오복음서를 읽으며 받은 하느님의 은총에 감사드리며 기도합시다.

## 마태오복음서에 나타난 예수님의 활동 지역

《성서사십주간 성경지도》, 지도 138

* 이 문제집과 성경 공부에 대한 자세한 문의는

가톨릭성서모임(www.biblemove.com)으로 해 주시기 바랍니다.

가톨릭성서모임

**서울의정부 협의체**

흑석동 (02) 824-4363·5 정릉 (02) 2171-1671~3

**수 지** (031) 546-8819

**대 구** 협의체 문의

**교구 소속 성서모임**

| | | | |
|---|---|---|---|
| 대전 | (042) 223-4627 | 부산 | (051) 519-0485 |
| 울산 | (052) 261-6011 | 원주 | (033) 765-4226 |
| 인천 | (032) 765-6967 | 전주 | (063) 230-1059 |
| 제주 | (064) 729-9503 | 청주 | (043) 210-1734 |

**청년성서모임**

| | | | |
|---|---|---|---|
| 서울 | (02) 764-6452 | 부산 | (051) 519-0483 |
| 수원 | (031) 8019-5402 | 전주 | (063) 285-0041 |
| 청주 | (043) 220-1707 | 춘천 | (033) 252-6063 |

**미국**

남가주 1-714-403-0010 / 1-714-514-9651(청년)

동 부 1-201-937-6622 북가주: 남가주 문의

축복받은 성경 읽기

# 마태오복음서 문제집

서울대교구 인가: 2022년 2월 23일

초판 1쇄 펴낸날: 2022년 3월 4일

3쇄 펴낸날: 2024년 10월 22일

엮은이: 가톨릭성서모임

펴낸이: 나현오

펴낸곳: 성서와함께

06910 서울시 동작구 흑석로13길 7

Tel: (02) 822-0125~7 / Fax: (02) 822-0128

http://www.withbible.com / e-mail: order@withbible.com

등록번호 14-44(1987년 11월 25일)



ISBN 978-89-7635-393-1 94230

978-89-7635-919-3(세트)